D1724798

George Pennington

KLEINES
HANDBUCH FÜR
GLASPERLENSPIELER

illustriert von Peter Ebenhoch

Hugendubel

Herausgeber der Reihe **IRISIANA** : Gerhard Riemann

© Heinrich Hugendubel Verlag, München 1981
2. korrigierte Auflage 1986
Alle Rechte vorbehalten

Produktion: Tillmann Roeder, Buchendorf
Druck und Bindung: Mohndruck, Gütersloh

ISBN 3-88034-153-2

My eyes wide open
in astonishment and wonder
I bow to Him who knows and guides the flow
and stay content
to be just what I am:
a man —

Einleitung

Worum es geht...

Das Tao, das enthüllt werden kann, ist nicht das ewige Tao.
Der Name, der genannt werden kann, ist nicht der ewige Name.
Das Namenlose ist das Beginnen von Himmel und Erde.
Das Benannte ist die Mutter der zehntausend Dinge.

Es gibt viele Dinge, über die ich mit Leichtigkeit sprechen und schreiben kann. Dinge des täglichen Lebens, Dinge, die ich weiß, die ich mit meinem rationalen Denken erfassen kann. Die Sprache, die ich gelernt habe ist zur Benennung und Mitteilung dieser Dinge gut geeignet. Sie ist ihrem Wesen nach der Ausdruck meines Wissens und meiner Intelligenz.

Hier aber geht es nicht um Wissen oder Intelligenz. Auch Hesse's Glasperlenspiel hat damit wenig zu tun. Es geht um eine Erfahrung, eine Erfahrung, die jenseits unseres Alltags, jenseits unseres Wissens liegt.

Diese Erfahrung ist ›Namenlos‹. Es gibt keine Worte, sie zu beschreiben. Jeder, der darüber etwas sagen will, muß also auf unsere gewohnte Alltagssprache zurückgreifen. Er muß sich gewissermaßen einer Fremdsprache bedienen. Es ist, als wollte man das Erlebnis eines Sonnenaufgangs in mathematischen Symbolen ausdrücken. Das Ergebnis solcher Bemühungen sind in der Regel Bilder und Gleichnisse. ›Tao‹ (Weg) und ›Glasperlenspiel‹ sind typische Beispiele für solche Bilder. In ihrer Essenz weisen sie auf ein und dasselbe.

Auch ich bin beim Schreiben dieses Buches auf diese Schwierigkeit gestoßen. Über die Essenz dessen, was ich mitteilen will, kann ich nichts sagen. Es ist der geistige Urgrund der menschlichen Existenz. Nicht als Theorie, sondern als Erfahrung. Und für diese Erfahrung fehlen mir die Worte.

Also ist alles in diesem Buch Bild und Gleichnis. Alles weist hin auf die Erfahrung, die jeder, so er will, selber machen kann. Vor allem sind es Hinweise auf einen Weg, der zu dieser Erfahrung führen kann. Auf das Glasperlenspiel.

Was ist ein Glasperlenspiel? Von Herman Hesse, der diesen Ausdruck prägte, erfahren wir auch nichts über die Einzelheiten, die erlebbaren Aspekte des Spiels. Wohl aber spricht er über das Wesen des Glasperlenspiels:

> *»Ich begriff plötzlich, daß in der Sprache oder doch mindestens im Geist des Glasperlenspiels alles allbedeutend sei, daß jedes Symbol und jede Kombination von Symbolen nicht hierhin oder dorthin, nicht zu einzelnen Beispielen, Experimenten und Beweisen führe, sondern ins Zentrum, ins Geheimnis und Innerste der Welt, in das Urwissen.«*
>
> (Das Glasperlenspiel, Hermann Hesse, Surkamp 1972 S. 127/128)

Erst vor Kurzem wurde mir klar, wie sehr mich diese und ähnliche Andeutungen geprägt haben. Rückblickend sehe ich meinen ganzen Werdegang der letzten 15 Jahre dahin gerichtet, hinter das Geheimnis des Glasperlenspiels zu kommen. Es war ein seltsam verworrener und abenteuerlicher Weg, aber den Kern meiner Suche habe ich dabei nie aus den Augen verloren, wenn ich ihn auch nicht klar zu formulieren gewußt hätte. Und heute weiß ich, daß auch der Rest meines Lebens nicht ausreichen wird, die Unermeßlichkeit dieses Spieles zu erschöpfen.

»Da sprach die Schlange zum Weibe: Ihr werdet keineswegs des Todes sterben, sondern Gott weiß: an dem Tage, da ihr davon esset, werden eure Augen aufgetan, und ihr werdet sein wie Gott und wissen, was gut und was böse ist.«

Genesis, 1. Buch Mose, 2/3/4

Am Beginn des Spiels steht unweigerlich der Sündenfall, der Verlust der paradiesischen Unschuld, den der Genuß der verbotenen Frucht, das Wissen um Gut und Böse, mit sich bringt. Solange wir nicht beginnen, Fragen zu stellen, leben wir im Stande der Unschuld, wie Kinder, in einem Paradies. Wir sind Eins mit der Welt und stellen sie nicht in Frage.

»Sie sind nicht brav, nicht gut, nicht edel, sie sind eigennützig, lüstern, hochmütig, zornig, gewiß, aber eigentlich und im Grunde sind sie unschuldig, unschuldig in der Weise, wie eben Kinder unschuldig sind.«

(Aus: Der Beichtvater, in »Das Glasperlenspiel«, Hermann Hesse, Suhrkamp 1972, S. 566)

Kaum stellen wir die erste Frage, beginnt der Weg aus der Einheit in die Vielfalt, die Spaltung von Subjekt und Objekt. Der paradiesische Zustand ist verloren. Adam fühlt sich nackt.

»Wir, wir sind die eigentlichen Sünder, wir Wissenden und Denkenden, die wir vom Baum der Erkenntnis gegessen haben…«

(Aus: »Der Beichtvater«, Das Glasperlenspiel, H. Hesse, S. 567)

Der Weg durch die Vielfalt ist uns zur Genüge vertraut. Jede Frage bringt anstelle der erhofften Antworten immer neue Fragen. Kaum einigt man sich auf eine Antwort, wird sie schon wieder umgestoßen. Die Frage nach dem Sinn stellt sich immer wieder. Und auch hier – gerade hier – sind die Antworten unbefriedigend. Im Grunde suchen wir immer wieder die eine Frage, auf die es nur eine Antwort – und keine neuen Fragen – gibt. Es ist die Suche nach dem verlorenen Paradies. *

Das Glasperlenspiel ist bei Hesse Symbol für den Weg zum verlorenen Paradies.

> *»Es bedeutete eine erlesene, symbolhafte Form des Suchens nach dem Vollkommenen, eine sublime Alchemie, ein Sichannähern an den über allen Bildern und Vielheiten in sich einigen Geist, also an Gott.«*
>
> (Aus: »Das Glasperlenspiel« Hesse etc. S. 43)

Es ist symbolischer Ausdruck für den Weg, den die Menschheit geht, für den Weg, der jedem von uns offen steht, wenn wir ihn ergreifen wollen. Hesse bezeichnet es als »Spiel der Spiele« und als »Weg vom Werden zum Sein, vom Möglichen zum Wirklichen«.

---

* Die Gralslegende beschreibt diese Suche in bemerkenswertem Bilderreichtum, wobei der ›Heilige Gral‹ die mystische Wiedervereinigung mit Gott symbolisiert.

Der Ausdruck »Spiel« ist irreführend. Auch bei Hesse wird klar, daß Josef Knecht nicht nur »spielt«, etwa zu seiner Unterhaltung oder geistigen Erbauung, sondern sich im »Spiel« auf einen Weg begeben hat, den er bis zu seinem Tode nicht mehr verläßt. Es geht um mehr, als nur in einem Spiel – symbolisch – den Weg der Wiedervereinigung mit Gott (die Selbstverwirklichung, das Tao oder wie man ihn auch nennen mag) darzustellen. Es geht vielmehr darum, den Weg selber zu beschreiten. »Vom Werden zum Sein, vom Möglichen zum Wirklichen.« Es geht um aktive Verwirklichung unseres menschlichen Potentials, um aktive Evolution.*

Die Version des Glasperlenspieles, die ich hier vorlege ist ebenfalls mehr als ein Spiel. Gewiß, wer Unterhaltung darin sucht wird Unterhaltung finden. Auch intellektuelle Neugier oder Sensationslust lassen sich damit befriedigen. Der Eine mag sich dafür begeistern, ein anderer darüber entrüsten. Für den aber, der sich in diesem Spiel übt, wird es zu einem Weg in dem Sinne, wie ich ihn oben dargestellt habe.

Das Spiel besteht aus drei Teilen: den Übungen, der Betrachtung und dem Glasperlenspiel. 2 + 2, das Spiel, ist die symbolische und analoge Darstellung des Prozesses, der durch die Übungen und die Betrachtung möglich wird. Diese sind der eigentliche Weg.

---

* Es ist in diesem Zusammenhang interessant, daß die Humanistische Psychologie, die in den letzten zwei Jahrzehnten so an Bedeutung gewonnen hat, ursprünglich von ihren Vertretern als »Human Potential Movement« bezeichnet wurde. Dabei geht es um nichts anderes, als um das Beschreiten dieses Weges und die Entwicklung von Techniken, die diesem Zweck dienen.

Das zentrale Medium dieses Spieles ist die Wahrnehmung. Wer die Übungen macht wird feststellen, daß Schritt für Schritt die Wahrnehmung von ihrer Fixierung auf äußere Objekte losgelöst wird, um immer mehr selber Gegenstand der Wahrnehmung, d.h. ihrer selbst, zu werden. Alles Wahrgenommene, ja die Wahrnehmung selber, wird zu einem Spiegel.

> *»Nicht auf die Rede sollen wir achten,*
> *sondern auf den, der spricht.*
> *Nicht auf die sichtbaren Dinge sollen wir achten,*
> *sondern auf den, der sieht.*
> *Nicht auf die Geräusche sollen wir achten,*
> *sondern auf den, der hört.*
> *Nicht auf den Verstand sollen wir achten,*
> *sondern auf den, der denkt.«*

Aus: Kaushitaki Upanishad, 3.8, (gek.), Übertr. aus dem Englischen durch den Autor.

Der Spiegel war im alten Ägypten zugleich Symbol für das Leben (›ankh‹) und der Schlüssel zum Reich der Seelen. In der buddhistischen Tradition ist immer wieder von einem ›klaren Spiegel‹ die Rede. Tungusischen Schamanen hilft ein Zauberspiegel, ›die Welt zu sehen‹ und ›über das, was den Menschen Not tut, nachzudenken‹. *

Der Magier John Dee bediente sich eines Kohlekristalls in einer ähnlichen Art wie die Hexen des Mittelalters, deren Tradition, aus Spiegeln und Kristallkugeln ›wahr-zu-sagen‹ auch heute noch weiterlebt. Auch unsere Sagen und Märchen sind voll von Geschichten, in denen Spiegel eine wichtige symbolische Rolle spielen. Faust's Zauberspiegel ist ein Beispiel dafür. In ›Schneewittchen‹ verursacht die böse Königin allerlei Unheil, weil sie die Wahrheit, die sie im Spiegel sieht, nicht ertragen kann. Besser ergeht es Atréju in der ›Unendlichen Geschichte‹. Im Laufe seiner Abenteuer und Prüfungen kommt er an das ›Zauber Spiegel Tor‹ und erblickt darin sein ›wahres inneres Wesen‹. Im Gegensatz zur ›bösen‹ Königin kann er annehmen, was er da sieht, und darf durch den Spiegel hindurchgehen. ** (Jenseits des Spiegels begegnet er dann der ›Stimme der Stille‹, aber erst nachdem er auch noch das ›Ohne Schlüssel Tor‹ durchschritten hat, den ›Mumon-Kan‹ des Zen.)

---

* Mircea Eliade, Schamanismus und archaische Extasetechnik, Suhrkamp Taschenbuch w 126, Frankfurt 1975

** Die Unendliche Geschichte, Michael Ende, K. Thienemanns Verlag, Stuttgart 1979, S. 94ff

Auch bei Hui Neng, dem 6. Patriarchen des Buddhismus in China, wird deutlich, welche Rolle der Spiegel auf dem Weg spielt. Als der 5. Patriarch begann, einen Amtsnachfolger zu suchen, war Hui Neng, ein ungebildeter Laienbruder, Handlanger in der Küche seines Klosters. Ein Mönch namens Schen-hsiu schrieb, im Bestreben, sich für die Patriarchenwürde zu qualifizieren, folgenden Vers an eine Wand:

Der Körper gleicht dem Baum der Erleuchtung,
Das Herz ist ein klarer Spiegel.
Beständig und eifrig sollst Du ihn fegen,
Daß kein Stäubchen an ihm haften bleibt.

Als Hui Neng von diesem Vers erfuhr, bat er einen Mitbruder, für ihn auch einen Vers an die Wand zu schreiben:

Im Ursprung gibt es keinen Erleuchtungsbaum,
Und nirgends steht der klare Spiegel.
In Wahrheit ist kein Ding vorhanden,
Woran sollte Staub wohl haften?

Während Schen-hsiu noch ›beständig und eifrig‹ an seinem Spiegel putzt, ist Hui Neng schon Eins geworden mit sich selbst. Der Spiegel ist fort.

Das Glasperlenspiel, wie ich es hier vorlege, besonders aber die Übungen und die Betrachtung der zehntausend Dinge, sind ein solcher Spiegel. Es geht darum, das Bild, das der Spiegel wiedergibt, einfach zu betrachten, ›sine ira et studio‹, ohne den Zorn der Königin, ohne den Eifer Schen-hsiu's.

Für Orientalen scheint es erheblich leichter zu sein als für die meisten westlichen Menschen, stundenlang in Betrachtung dazusitzen. Wenige Europäer können die äußere und innere Ruhe aufbringen, die zum Beispiel die Sitzende Zen Meditation voraussetzt. Auch für mich war es immer schwer, wenn nicht gar unmöglich, im Hier-und-Jetzt verankert zu bleiben, oder wenigstens wieder dahin zurückzufinden, wenn ich wieder einmal in Träumereien versunken war. Hier ist es anders. In der Betrachtung stehen uns zwei Anker zur Verfügung, ein äußerer und ein innerer.

Der äußere Anker ist ein Bild, auf dem die Augen ruhen. Sie betrachten einen Gegenstand, den es nicht gibt, und sehen ihn noch dazu an einem Ort, an dem erwiesenermaßen nichts ist, was man da sehen könnte. Die Augen betrachten eine optische Veranschaulichung des ›Nichts‹. Dadurch wird alles, was während der Betrachtung geschieht, zum ›Nichts‹ in Bezug gesetzt.

Der, dem die erste – und in meinen Augen wichtigste – Übung in Fleisch und Blut übergegangen ist, hat zudem in den körperlichen Empfindungen, wie Atmung, Herzschlag, Empfindungen der Arme, Beine etc. einen inneren Anker, der dem äußeren entspricht. Der innere Anker gibt dem Betrachter Halt in der Bewußtheit des Körperlichen, im ›Etwas‹, während der Äußere ihn mit dem ›Nichts‹ verbindet. Und im Spannungsfeld dieser beiden Anker entsteht der ›klare Spiegel‹, in dem der Betrachter sich und seine Welt vor Augen geführt bekommt.

> »Wie dankbar ich bin!
> Dies Auge Saichis ist die Grenzlinie
> zwischen dieser Welt und dem Land des Friedens.
> Namu-amida-butsu! Namu-amida-butsu!«*

Es fällt mir schwer, mehr darüber zu sagen. Ein Versuch erspart tausend erklärende Worte.

---

* Aus: Saichis Notitzen, zitiert in: Der westliche und der östliche Weg, D. T. Suzuki, Ullstein 1971, S. 169

Ich spüre eine tiefe Dankbarkeit für alle Menschen, die ich bisher auf meinem Weg getroffen habe. Ich kann hier nur wenige nennen, die großen Wegweiser und Meilensteine: den Küchenjungen Hui Neng mit seinem Gedicht, Heinrich von Kleist, der mir mit seinen wenigen Seiten »Über das Marionettentheater« die Augen öffnete. Ich weiß immer noch nicht, ob er selber das sah, was er mir zeigte. Gustav Meyrink, der, ohne es jemals beim Namen zu nennen, immer wieder mit anderen Worten das Gleiche, das Eine auszudrücken verstand. Auch er war Glasperlenspieler. Carlos Castaneda, der in liebenswürdiger Einfalt – wie ich im Dunkel tappend – seinen Weg ging. Pierre Derlon, der mir in den »Gärten der Einweihung« zum ersten Mal klar machte, was ich mit meinen Augen eigentlich tat. Es sind viele, ohne die ich dieses Buch nicht schreiben könnte. Vor Allem – und in diesem Falle stellvertretend für alle anderen – Herman Hesse, durch den meine Welt zu einem ›magischen Theater‹ wurde.

»Im Wort, im Bild und in der Tat haben alle diese gesegneten Seelen, die mich auf meinem Wege begleiteten, für die unvergängliche Wirklichkeit ihrer Vision gezeugt. Ihre tägliche Welt wird eines Tages die unsere sein. Sie ist es schon heute, nur unsere Herzen sind noch zu schwach, sie in Besitz zu nehmen.«

Aus: Das Lächeln am Fuße der Leiter, Henry Miller, RoRoRo TB4163, 1978, Epilog

Die Übungen

Erfahrungsbericht eines Übenden

»Er geleitete mich zu einer Stelle, wo zwei mannshohe Felszacken in etwa zwei bis drei Metern Abstand parallel nebeneinander standen. Don Juan blieb, das Gesicht nach Westen gewandt, fünf Meter vor ihnen stehen. Er zeigte mir, wohin ich mich stellen sollte und befahl mir, die Schatten der Felszacken anzusehen. Er sagte, ich solle sie beobachten und genauso mit den Augen schielen, wie ich es üblicherweise machte wenn ich den Boden nach einem geeigneten Rastplatz absuchte. Er erläuterte seine Anweisungen: Wenn man nach einem Rastplatz suche, dann müsse man schauen, ohne den Blick auf eine bestimmte Stelle zu fixieren, doch wenn man Schatten beobachte, dann müsse man mit den Augen schielen und die Augen dennoch auf ein scharfes Bild einstellen. Es komme darauf an, durch das Schielen die beiden Schatten zu überlagern. Dadurch lasse sich ein bestimmtes, von den Schatten ausgehendes Gefühl wahrnehmen. Ich machte eine Bemerkung darüber, wie vage er sich ausdrückte, doch er behauptete, es sei wirklich nicht möglich, mit Worten zu schildern, worum es ihm ging.

Mein Versuch, die Übung auszuführen, schlug fehl. Ich strengte mich an, bis ich Kopfschmerzen bekam. Don Juan kümmerte sich nicht weiter um mein Versagen. Er kletterte auf einen kuppelförmigen Felsen und schrie mir von dort oben zu, ich solle zwei ähnlich aussehende, schmale, kleine Steine suchen. Die gewünschte Größe gab er mir mit den Händen an.

Ich fand zwei solche Stücke und reichte sie ihm. Don Juan placierte die beiden Steine in etwa dreißig Zentimeter Abstand in Felsritzen, wies mich an, mich mit nach Westen gewandtem Gesicht über sie zu stellen, und forderte mich auf, mit Hilfe ihrer Schatten dieselbe Übung noch einmal zu versuchen.

Diesmal war es etwas ganz anderes. Es gelang mir sofort, so zu schielen, daß ich die beiden Schatten als zu einem einzigen verschmolzen wahrnahm. Ich stellte fest, daß das Sehen ohne Fusionierung der Bilder dem so zustande gekommenen Schatten eine unglaubliche Tiefe und so etwas wie Transparenz verlieh. Verblüfft starrte ich hin. An der Stelle, auf die ich meinen Blick konzentrierte, war jedes kleine Loch im Fels genau zu erkennen, und der darüberliegende zusammengesetzte Schatten wirkte wie ein Film von unglaublicher Transparenz. Ich bemühte mich, nicht zu blinzeln, denn ich fürchtete, das so flüchtig zustande gekommene Bild zu verlieren. Schließlich zwang mich das Jucken meiner Augen, zu blinzeln, aber gleichwohl verlor ich die Einzelheiten nicht aus dem Blick. Ja, das Bild war sogar nun, nachdem die Hornhaut befeuchtet war, noch klarer geworden. In diesem Aufgenblick war mir, als sähe ich aus unermeßlicher Höhe auf eine Welt hinab, die ich noch nie erblickt hatte. Auch bemerkte ich, daß ich den Blick über die Umgebung des Schattens gleiten lassen konnte, ohne den Brennpunkt meines Gesichtskreises zu verlieren. Dann war mir für einen Augenblick nicht mehr bewußt, daß ich einen

Stein ansah. Mir war, als landete ich in einer Welt, die jenseits alles Vertrauten und Vorstellbaren lag. Diese ungewöhnliche Wahrnehmung hielt eine Sekunde an und dann war plötzlich alles ausgeschaltet.

Automatisch schaute ich auf und sah Don Juan direkt über den Steinen stehen; er sah mich an. Sein Körper verdeckte die Sonne.

Aus: Reise nach Ixtlan, Carlos Castaneda, Fischer 1978 S. 188

Um uns mit Augen und Bewußtheit im Hier-und-Jetzt verankern zu können, ist es notwendig, die einzelnen Elemente der Wahrnehmung bewußt zu erleben, differenzieren zu lernen und dem Einfluß des – entspannten – Willens zugänglich zu machen. Die Übungen sind das Mittel dazu. Die Verankerung des Bewußtseins im ›Etwas‹, sowie im ›Nichts‹, oder wie Saichi sagt, in ›dieser Welt‹ und im ›Land des Friedens‹ – wird durch sie nicht nur möglich, sondern auch selbstverständlich, und nach einiger Zeit spielerisch einfach.

Die hier angeführten Übungen sind nicht etwa ein vollständiger ›Kursus‹. Vollständigkeit ist bei der Fülle von möglichen Erfahrungen, die sich dem Bewußtsein auftun, gar nicht möglich.

Die Übungen sind nur eine Grundlage und sollen im Übenden die Neugier wecken, sich auf den Reichtum und die Unermeßlichkeit seines Bewußtseins einzulassen.

Der weiche Blick

Am Anfang unserer Verbindung hatte Don Juan mir noch eine weitere Technik geschildert. Sie bestand darin, lange Strecken zu wandern, ohne den Blick auf irgend etwas zu konzentrieren. Er hatte mir empfohlen, nichts direkt anzusehen, sondern mit den Augen leicht einwärts zu schielen, um alles, was sich dem Blick darbot, peripher im Auge zu behalten. Er hatte auch behauptet – auch wenn ich es damals nicht verstand –, daß es möglich sei, beinahe alles gleichzeitig wahrzunehmen, was in einem Winkel von 180^0 vor einem liegt, wenn man den Blick, ohne zu zentrieren, auf einen Punkt über dem Horizont richtet. Er hatte mit beteuert, diese Übung sei das einzige Mittel, um den inneren Dialog abzustellen.

Aus: Der Ring der Kraft, Carlos Castaneda, Fischer TB, S. 20

Bequemer Sitz. Helles, aber nicht allzu grelles oder kontrastreiches Licht. Der Blick ruht geradeaus auf irgendeinem Gegenstand. Die Arme werden – gestreckt und parallel – vor die Augen gehoben, so daß die Hände den betrachteten Gegenstand seitlich einrahmen, ohne ihn zu verdecken. Während die Blickrichtung unverändert bleibt, werden die Hände langsam auseinander geführt, halbkreisförmig, die Rechte nach rechts, die Linke nach links. Die Aufmerksamkeit löst sich von der Blickrichtung und folgt den Händen bis zur äußersten Grenze des Gesichtsfeldes. Alle Gegenstände, an denen die Hände auf ihrem Weg nach außen vorübergehen, werden in die Aufmerksamkeit aufgenommen, bis schließlich die Aufmerksamkeit das gesamte Blickfeld umfaßt. Das sind etwa 210 Grade. Der Blick wird dadurch erheblich weicher. Alles ist ziemlich deutlich, aber nichts ist mehr gestochen scharf. Der Kreis der Bewußtheit schließt sich in der akustischen Wahrnehmung, die beginnt, das weiche optische Bild zu ergänzen, sowie im Körpergefühl (Atmung, Herzschlag, alle bewußt wahrnehmbaren Empfindungen des Körpers).*

* Brillenträger, deren Gesichtsfeld durch die Brille begrenzt ist, können die Brille in ihre Wahrnehmung einbeziehen: die Stege, die zu den Ohren führen, den Rand der Gläser, den Druck hinter den Ohren und auf der Nase etc.

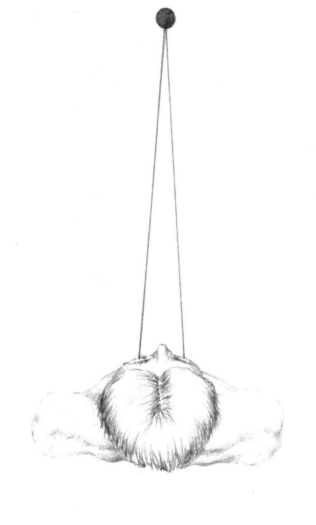

objekt-fixierter Blick

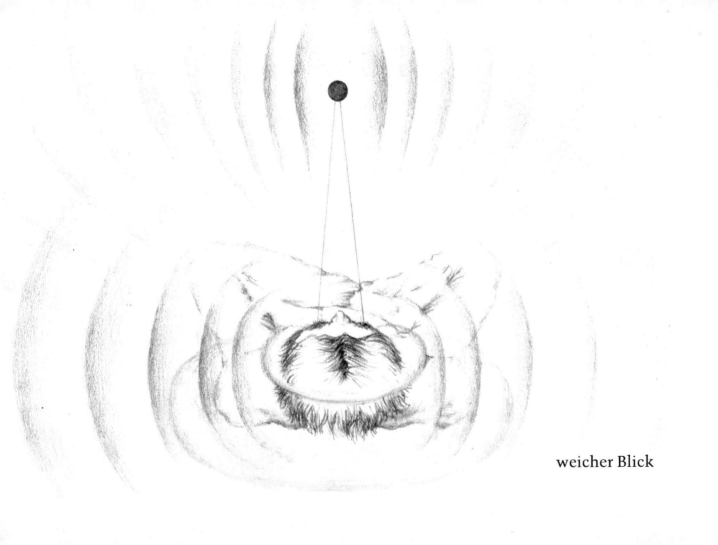

weicher Blick

Je weicher der Blick wird, desto langsamer werden auch die Gedanken. Ruhe kehrt ein. Ich habe die Erfahrung gemacht, je weicher meine Wahrnehmung ist, desto weniger entgeht meiner Aufmerksamkeit. Und desto weniger anstrengend ist das Schauen/Hören/Spüren.

Die Hände sind anfangs ein gutes Hilfsmittel, können aber, wenn das Prinzip einmal erfaßt ist, weggelassen werden.

Diese Übung ist, in meinen Augen die wichtigste und grundlegendste für den Glasperlenspieler. Sie ist, wie alle anderen auch, eine Entspannungsübung. Die Augen der meisten Menschen haben gelernt, sich zwanghaft an Objekten festzuhalten, scharf zu sehen, den Blick auf ein Detail zu heften. Daß die Gedanken im Kopf genau dasselbe tun, nämlich von Detail zu Detail zu hetzen ohne jemals auch nur annähernd so etwas wie einen Überblick zu bekommen, wird nur wenigen bewußt.

Dieses zwanghafte Festklammern des Blicks und der Gedanken kennenzulernen – und aufzugeben – ist auch der Gegenstand der zweiten Übung.

Nirgends hinschauen – alles sehen

»Er bewahrte eine ruhige Losgelöstheit gegenüber den Leuten und ihrem Treiben und machte doch den Eindruck, sich allen gegenwärtigen, vergangenen und zukünftigen Geschehens völlig bewußt zu sein.«

Manuel Córdova-Rios über den alten Amahuaca Häuptling Xumu, aus: Die andere Wirklichkeit der Schamanen, Joan Halifax, O. W. Barth/Scherz 1981, S. 176

Ein Finger wird in die Luft gehoben, vor die Augen, auf Armeslänge. Der Blick ruht auf dem Finger. Nach einer Weile wird der Finger – ziemlich rasch – weggenommen, seitlich oder abwärts, der Blick bleibt dabei genau auf den Punkt im Raum gerichtet, an dem der Finger war. Anfangs ist es sehr schwer, den Blick so zu belassen, wie er war. Er hat nichts mehr, woran er sich festhalten kann und wird unweigerlich auf das nächstbeste Detail ›scharfstellen‹ wollen, nämlich auf den Gegenstand, der sich als nächster in der Verlängerung der Blickrichtung befindet. Die Schärfeneinstellung der Augen wird auf die nächste Entfernung springen wollen, die ihr ein scharfes Bild bietet. Erst nach wiederholtem Üben mit dem Finger wird es gelingen, den Blick auf ›Nichts‹ gerichtet zu lassen. Das geht nur, wenn es ohne Zwang, ohne Krampf, geschieht. Kopfweh, Übelkeit und ähnliche Symptome sind Anzeichen für verkrampftes Schauen. Erst wenn der Blick – weich – im ›Nichts‹ zur Ruhe kommt, nicht mehr dem Zwang unterliegt, nach dem Nächstbesten greifen zu müssen, und der Kreis der Wahrnehmung sich im Hören und im Spüren geschlossen hat, stellt sich eine klare Ruhe ein, die nicht nur den Augen, sondern auch dem Geist gut tut.

Ähnlich wie bei der vorhergehenden Übung wird alles wahrgenommen, aber nichts ist besondes wichtig. So ist es möglich, auch inmitten der größten Aufregung die Ruhe und den Überblick zu bewahren, die eigene ›Mitte‹ nicht zu verlieren.
Diese ersten zwei Übungen sind nicht an irgendeinen Ort oder eine bestimmte Zeit gebunden. Sie sind für jede Situation des Alltags gleichermaßen geeignet. Im Laufe der Zeit wird offenbar, daß es sich nicht um eine Augengymnastik, sondern um gei-

stige Übung handelt. Wenn dieser Punkt klar und zu einer bewußten Erfahrung geworden ist, wenn die Augen und der Geist gelernt haben, sich jederzeit bewußt zu
entspannen, ist ein großer Schritt getan. Die nächsten Übungen verfeinern diese Fähigkeit noch weiter.

Die doppelten Daumen

»Wenn Du mit Deinem Geiste an Deinem Geiste arbeitest, wie kannst Du da eine ungeheure Verwirrung vermeiden?«
Seng-Ts'an, zitiert in: Die Scheinwelt des Paradoxons, P. Hughes u. G. Brecht, Vieweg Verl. 1978, S. 107

Die zwei Daumen werden aufrecht vor das Gesicht gehalten. Der eine auf Armeslänge, der andere etwa halb soweit. Sie bilden mit der Nasenspitze zusammen eine Linie. Wieder handelt es sich um die Trennung der bewußten Aufmerksamkeit vom Blick selber. Zuerst richtet sich der Blick auf den Daumen, der weiter entfernt ist und faßt ihn scharf ins Auge. Während der Blick auf ihn gerichtet bleibt, löst sich die Aufmerksamkeit von der Blickrichtung und erfaßt das gesamte Umfeld, besonders auch den Daumen, der den Augen näher ist. Dieser wird doppelt erscheinen, d.h. da er ziemlich weit vor dem anderen – scharf gesehenen – liegt, wird das Bild, das das rechte Auge wahrnimmt, getrennt von dem Bild des linken Auges gesehen. Durch abwechselndes Schließen der Augen läßt sich leicht feststellen, ob ein Unterschied in der Sehschärfe der beiden Augen besteht.

Das Doppelbild wird nie ganz gestochen scharf zu sehen sein. Wer ein dominantes Auge hat, wird unter Umständen eine Weile brauchen, bis er das Bild des anderen Auges überhaupt sehen kann. Da die räumliche Wahrnehmung direkt von der Fähigkeit abhängt, die Bilder beider Augen wahrzunehmen und im Gehirn zusammenzufügen, ist diese Übung besondes wichtig für diejenigen, die in dieser Beziehung Schwierigkeiten haben.

 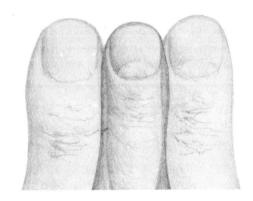

Der nächste Schritt ist die Verlagerung des Blicks auf den näherliegenden Daumen. Dadurch wird das Bild des weiter entfernt liegenden verdoppelt. Durch das abwechselnde Schauen, hin und her, von einem Daumen zum anderen, bei gleichbleibend entspannter Aufmerksamkeit, lernen die Augen, sich – ganz entspannt – auf einen Gegenstand zu konzentrieren, der wohl in der Blickrichtung, aber nicht im Brennpunkt liegt. Etwas klar wahrzunehmen ohne den Blick daran festzumachen. Es wird deutlich, daß bei diesen Übungen der Blick und nicht der Daumen der eigentliche Gegenstand der Betrachtung ist.

34

Der eine doppelte Daumen

»Meine Vorliebe ist das SEHEN«, sagte er.
»Was meinst Du damit?«
»Ich möchte SEHEN«, sagte er, »weil ein Wissender nur durch das SEHEN etwas wissen kann.«

Aus: Eine andere Wirklichkeit, Carlos Castaneda, Fischer TB 1975 S. 15

Jetzt wird nur ein Daumen benötigt, der weiter entfernte. Der Blick ruht auf ihm und gibt ein einfaches und scharfes Bild. Wird jetzt der Blick näher an die Augen gezogen, etwa dorthin, wo vorher der zweite Daumen war, so verdoppelt sich das Bild wieder wie zuvor. Die Schwierigkeit ist, daß der Daumen, der vorher als Krücke gedient hat, nicht mehr da ist und der Blick jetzt im leeren Raum ruht (wie in der zweiten Übung). Der Blick ist auf ›Nichts‹ gerichtet, die Aufmerksamkeit entspannt auf das doppelte Bild des Daumens konzentriert. Die Augen dürfen anfangs ruhig nervös hin und herspringen. Das Auge braucht Zeit, um sich an diese Form des losgelösten Sehens zu gewöhnen. Wenn Ermüdungserscheinungen auftreten, ist es ratsam, eine Pause zu machen und es später, oder am nächsten Tag, wieder zu versuchen. Es kommt nicht darauf an, die Augen durch Zwang zu dressieren. Es ist vielmehr so, als würden im Gehirn Weichen und Nebengeleise gelegt, dort wo zuvor die Schienen nur geradeaus liefen. Das braucht Zeit. Das völlig ermüdungsfreie Gefühl, das das entspannte Sehen mit sich bringt, ist unverkennbar.

Mit der Zeit wird es möglich, den Blick ohne jede Anstrengung weich vom Daumen abzuziehen, in den leeren Raum zwischen Daumen und Nase zu ›schielen‹. Es ist interessant, daß in unserer Kultur die ›Scharfeinstellung im Nahbereich‹, sofern sie auf einen konkreten Gegenstand gerichtet ist, als eine wünschenswerte Fähigkeit gilt, während dieselbe Augenstellung , wenn ein konkreter Gegenstand der Betrachtung fehlt, als unnatürlich, als schlechte Gewohnheit und in jedem Fall als korrekturbedürftig gilt. Schielen ist bei uns so gut wie tabu. Dieses Tabu wird von vielen, die diese Übungen zum ersten Mal machen, deutlich erlebt und kann anfangs sehr hinderlich sein.

Der Blick wandert also vom Daumen in die Naheinstellung (in der ›Nichts‹ zu sehen ist) und wieder zurück. Die Übergänge werden immer fließender. Die Entfernung des Daumens von den Augen kann nach Belieben verändert werden. Ein anderes Doppelbild ergibt sich, wenn der Blick über den Daumen hinaus in eine Ferneinstellung geht (in der womöglich wiederum ›Nichts‹ zu sehen ist). Die Unterscheidung der zwei unterschiedlichen Doppelbilder wird anfangs auch manche Schwierigkeit bereiten, aber in dem Maße, in dem die Augen sich ihrer eigenen Tätigkeit bewußter werden, wird auch die Unterscheidung zwischen den unterschiedlichen Doppelbildern deutlicher. Die Übergänge werden fließender, die Übung wird zum entspannten Spiel.

Übung für das schwächere (nicht dominante) Auge

»Ich sehe niemand auf der Straße«, sagte Alice.
»Ich wollte, ich hätte solche Augen«, sagte der König verdrießlich. »Niemand sehen können! Und auf eine solche Entfernung! Ich kann bei dieser Beleuchtung selbst Leute, die es gibt, bloß mit Mühe erkennen.«

Lewis Caroll, zit. in: Die Scheinwelt des Paradoxons, P. Hughes u. G. Brecht, Vieweg Verl. 1978, S. 83

Wieder brauchen wir nur einen Daumen. (Es braucht auch nicht unbedingt ein Daumen zu sein. Ein Bleistift, eine Kerze, jeder beliebige Gegenstand, der gerade vorhanden ist, läßt sich verwenden. Für diese Übung ist es am besten, wenn er möglichst scharfe Konturen hat).

Zuerst muß die Entfernung gefunden werden, bei der sich die Augen am wenigsten anstrengen müssen, um gut lesen zu können.

Der Daumen wird in der ermittelten Entfernung vor die Augen gehalten. Der Blick liegt zunächst auf dem Daumen, so daß ein einfaches, scharfes Bild zu sehen ist.

Die Augen werden abwechselnd geschlossen, die Bilder verglichen. Ist eines schärfer als das andere? Welches? Ist es möglich – falls ein Unterschied sichtbar wird –, das unschärfere Bild ›nachzustellen‹, d.h. die Fokusierung des schwächeren Auges gesondert der Entfernung des Objektes anzupassen?

Wenn die Augen in ein leichtes Schielen übergehen, so daß sich das Bild verdoppelt, bleiben beide Bilder gleichermaßen scharf? Oder ›rutscht‹ das schwächere (trägere) Auge wieder in die Unschärfe? Wenn das geschieht und eines der Bilder undeutlicher wird als das andere, dann gilt es – ohne die Augenstellung zu verändern – die visuelle Aufmerksamkeit auf das schwächere Bild zu lenken und zu versuchen, dieses Auge, gesondert von dem anderen, ebenfalls offenen Auge, nachzustellen (ohne das Doppelbild zu verlieren). Dies ist anfangs zweifellos eine der schwersten Übungen, besonders wenn die Augen – wie bei mir – sehr unterschiedliche Temperamente aufweisen. Aber es ist auch eine der lohnendsten, wenn es gelingt, die Kontrolle über die einzelnen Augenmuskeln zu gewinnen. Diese Übung sollte keinesfalls spät abends gemacht werden, wenn die Augen müde sind. Und auch hier hilft – paradoxerweise – Entspannung, die nötige Muskelbewegung um die Augen herum bewußt zu erleben und die Kontrolle über sie zu gewinnen.

Wenn es bei leichtem Schielen geklappt hat: dieselbe Übung in der Ferneinstellung.

Je weiter der Blick sich vom Objekt entfernt, d.h. je weiter auseinander die beiden Teile des Doppelbildes liegen, desto schwieriger ist die Übung. Es genügt aber schon, wenn es bei geringer Abweichung gelingt. Schließlich geht es hier nicht darum, einen möglichst hohen Schwierigkeitsgrad zu ›schaffen‹, sondern darum, bewußt zu sehen, das Sehen kennenzulernen. Es genügt, wenn der entsprechende Muskel ›sich‹ einige Male ›bewußt in Aktion erlebt‹ hat. Die Fähigkeit geht dann nicht wieder verloren.

Die Vier Daumen

»Kein Mittelpunkt, auf den hingeschaut werde, ist mehr gegeben.«
Goethe, zit. in: Der Verlust der Mitte, Hans Sedlmayr, Ullstein 1966, S. 113

Zwei Daumen werden in 30–40 cm Entfernung (Leseabstand) aufrecht und parallel ins Blickfeld hochgehalten. Diesmal nebeneinander in einem Abstand von etwa 5–10 cm. Beide Daumen sollten gleichmäßig beleuchtet sein. Die Augen gehen in die Naheinstellung (›Nichts‹) so daß die Daumen sich verdoppeln und vier Daumen sichtbar werden. Die vier Daumen erscheinen räumlich voneinander getrennt und durchsichtig, da jeder von ihnen nur mit einem Auge wahrgenommen wird, während das andere an dieser Stelle freies Blickfeld hat.

Die Aufgabe besteht darin, jeden der vier Daumen mit dem Blick abzutasten ohne das Bild der vier Daumen verrutschen zu lassen. Das ist ohne weiteres möglich, sofern dabei die Augen locker bleiben. Je entspannter der Blick die Konturen abtastet, desto klarer und deutlicher sind die Umrisse und Details jedes einzelnen Daumens zu sehen. Das dominante Auge wird keine großen Schwierigkeiten bereiten. Das schwächere hingegen wird erst dann ein deutliches Bild geben, wenn die chronischen Verkrampfungen der Augenmuskulatur bewußt werden und sich zu lösen beginnen. Das kann, je nach Übungsfrequenz und Zustand der Augen, einige Minuten oder einige Wochen dauern. Auch diese Übung sollte oft und kurz (spielerisch) gemacht werden. Keinesfalls mehr als drei Minuten am Anfang. Nicht nur die Augen ermüden und wehren sich gegen Überanstrengung mit Verkrampfungen, auch das Gehirn, das der eigentliche Gegenstand der Übung ist, braucht Zeit um sich auf die ungewohnte Betrachtungsweise einzustellen. Im Laufe der Zeit wird es leicht, alle vier Daumen klar ins Bild zu bekommen. Die folgenden Übungen bauen auf dieser Fähigkeit auf.

Der mittlere Daumen

Es ist der Sachverhalt, daß unser normales waches Bewußtsein, das rationale Bewußtsein, wie wir es nennen, nur ein besonderer Typ von Bewußtsein ist, während überall jenseits seiner, von ihm durch den dünnsten Schirm getrennt, mögliche Bewußtseinsformen liegen, die ganz andersartig sind.

Aus: Die Vielfalt Religiöser Erfahrung, William James, Walter Verlag AG, Olten, 1979, S. 366

Die Daumen sind in derselben Stellung, wie in der letzten Übung: Senkrecht und parallel, auf Leseabstand oder ein wenig weiter, und 5 cm voneinander entfernt. Wir haben die Augen in einer Naheinstellung, die uns vier gesonderte Bilder liefert. Im ›Nichts‹. Jetzt wird die Einstellung derart verschoben, daß die inneren zwei von den vier Daumen sich immer mehr überlappen, bis sie schließlich völlig zur Deckung kommen. Wenn sie nicht ganz parallel oder gleichmäßig beleuchtet waren, sollte das jetzt korrigiert werden. Der mittlere Daumen, der dadurch entsteht, ist ein zusammengesetztes Bild: das rechte Auge sieht den linken Daumen, das linke den rechten. Beide Bilder zusammengesetzt ergeben ein Bild von einem Daumen, den es gar nicht gibt, und zwar an einer Stelle, von der wir wissen, daß dort in Wirklichkeit ›Nichts‹ ist. Das Bild ist, bei einiger Übung, klar, fast überdeutlich. Ein kleiner schwarzer Punkt, ins Zentrum beider Daumennägel gezeichnet, erleichtert es, die Daumen entspannt zur Deckung zu bringen. Rechts und links von dem mittleren Daumen sind nach wie vor die zwei äußeren zu sehen. Sie sind erheblich undeutlicher und durchsichtig wie zuvor. Nur der mittlere Daumen erweckt den Anschein, ›real‹ zu sein.

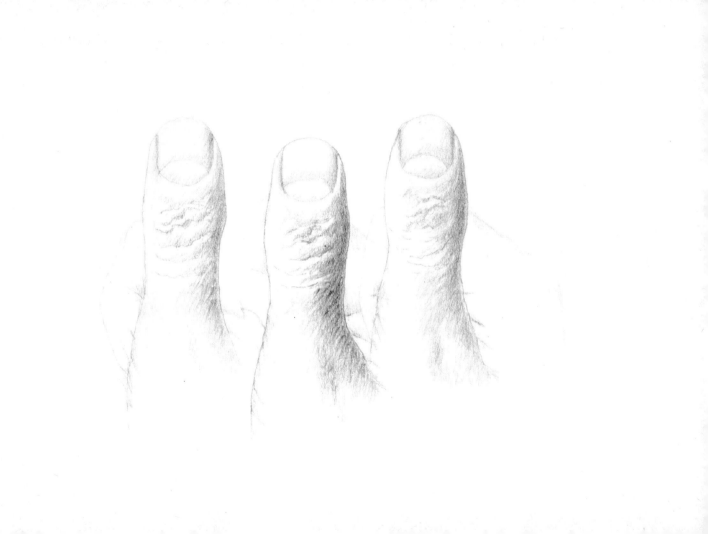

»Nichts ist reicher als Edelsteine und Gold, nichts ist feiner als Diamant, nichts ist edler als das Blut von Königen, nichts ist im Kriege heilig, nichts ist höher als der Himmel, nichts ist tiefer als die Hölle, oder glorreicher als die Tugend...«

Passerat (mittelalterlicher Autor), zit. aus: Die Scheinwelt des Paradoxons, P. Hughes u. G. Brecht, Vieweg Verl. 1978, S. 81

Dem Gehirn fällt auch hier wieder die schwerste Aufgabe zu: Es empfängt ein Bild von ›Etwas‹ von einer Stelle wo ›Nichts‹ ist. Der Daumen, den es so wahrnimmt, existiert – in der ihm gewohnten Wirklichkeit – überhaupt nicht, zumal er – gewissermaßen hermaphroditisch – zur Hälfte aus einem rechten Daumen und zur anderen aus einem linken besteht. Statt Daumen, die den Vorteil haben, immer zur Hand zu sein, aber auch den Nachteil, oft recht unterschiedlich auszusehen, so daß es schwer ist, sie vollständig zur Deckung zu bringen, können natürlich auch zwei Bleistifte, Münzen, Zigaretten, Briefmarken und ähnliche Dinge verwendet werden.

Großer Daumen – kleiner Daumen

Meine Zeichnung Nr. 1. So sah sie aus:

Ich habe den großen Leuten mein Meisterwerk gezeigt und sie gefragt, ob ihnen meine Zeichnung nicht Angst mache.

Sie haben mir geantwortet: »Warum sollen wir vor einem Hute Angst haben?«

Meine Zeichnung stellte aber keinen Hut dar. Sie stellte eine Riesenschlange dar, die einen Elefanten verdaut. Ich habe dann das Innere der Boa gezeichnet, um es den großen Leuten deutlich zu machen. Sie brauchen ja immer Erklärungen.

Hier ist meine Zeichnung Nr. 2:

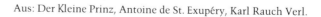

Aus: Der Kleine Prinz, Antoine de St. Exupéry, Karl Rauch Verl.

47

Mit der letzten Übung haben wir uns auf eine – für unsere gewohnten Begriffe – irreale Ebene begeben. In dieser Übung wird deutlich, daß auf dieser Ebene ganz andere Gesetze gelten, als in unserer ›realen‹ Welt. Dort finden wir es ganz natürlich, daß ein Gegenstand größer erscheint, je näher er sich befindet. Das ist ›logisch‹, wissenschaftlich nachprüfbar.

In unserer neu gewonnenen, ›irrealen‹ Welt ist das nicht so. Im Gegenteil: je näher ein Objekt scheint, desto kleiner wird es.

Wenn es gelungen ist, das Bild vom mittleren Daumen (Bleistift o. ä.) ohne Anstrengung entspannt im Blick zu halten, werden die Daumen (die Hände) langsam auseinander und wieder zusammen bewegt.

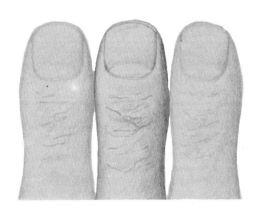

Anfangs wird sich das Bild immer wieder in seine Bestandteile auflösen wollen, einerseits weil es immer noch schwierig ist, im ›Nichts‹ ›Etwas‹ zu sehen, und andererseits weil die Augen erst lernen müssen, der Bewegung locker – und vor allem in gegenläufige Richtungen – zu folgen (das rechte Auge nach links, das linke nach rechts). Aber nach einer Weile wird es – wie von selber und ohne jede Anstrengung – gelingen: Der Blick bleibt, auch in der Bewegung, auf dem Bild ruhen. Etwas ganz merkwürdiges geschieht: das Bild des Daumens scheint sich im Raum zu bewegen, näher zu kommen, wenn die Daumen auseinander geführt werden, weiter weg zu schweben, wenn sie sich einander nähern. Und (!) je näher der mittlere Daumen kommt, desto kleiner wird er.

Auch diese Übung sollte – besonders am Anfang – sparsam verwendet werden. Je besser die Augen in den vorangegangenen Übungen gelernt haben, entspannt zu sehen, desto leichter wird es sein, den mittleren Daumen ohne jeden Krampf im Bild zu behalten. Dazu ist es wichtig, die Übungen nicht nur stur nachzumachen, sondern sie auch – aus eigener Erfahrung – zu verstehen. Die neuen Geleise im Gehirn müssen von jedem, Schiene für Schiene, selbst gelegt werden, bevor sie befahrbar werden.

Roter Kreis – Blauer Kreis

»Den Dreh zu finden hat mich mein ganzes Leben gekostet. Irgendwie war's immer ein hin-und-her-springen über die Grenzlinie des Verstandes.«
Lame Deer über sich selbst, zit. in: Die andere Wirklichkeit der Schamanen, Joan Halifax, O. W. Barth/Scherz 1981, S. 91

Nachdem es gelungen ist, zwei gleichartige Objekte zur Deckung zu bringen, beginnen wir hier, dasselbe mit verschiedenartigen zu tun. In jedem Geschäft, das Büroartikel verkauft, findet man ›Markierungspunkte‹, in verschiedenen Größen und Farben, rund und selbstklebend. Sie sind für diese Übung vorzüglich geeignet.

Ein roter und ein blauer Punkt, $\varnothing$ 1.5–2 cm, werden in einem Abstand von etwa 2–5 cm nebeneinander auf ein Blatt weißes Papier geklebt. Für den Leseabstand ist die umseitige Illustration ideal. Ebenso ist es möglich, zwei größere Kreise auszuschneiden und sie aus entsprechend größerer Entfernung zu betrachten.

Das Bild der zwei Kreise wird durch Naheinstellung der Augen verdoppelt, der innere rote mit dem inneren blauen Kreis zur Deckung gebracht. Das wird einige Zeit dauern und das Bild wird anfangs immer wieder in seine Bestandteile zerfallen, bevor in der Mitte ein klar definierter blau/roter Kreis zustande kommt. Es ist wichtig, sich nicht gegen dieses Zerfallen bzw. Hin- und Herhüpfen des Bildes zu wehren, sondern es einfach geschehen zu lassen. Es wird dann, wie von selber, langsam an Konturenschärfe gewinnen und schließlich ganz klar werden. Die fünfte Übung* wird es erleichtern, die Konturen der beiden inneren Kreise – mit jedem Auge gesondert – ›scharfzustellen‹. Vielleicht wird anfangs die Konturenschärfe der beiden inneren Kreise immer wieder, wie bei den Daumen, verlorengehen je näher sie zusammenkommen, aber mit Geduld und Entspannung wird es bald möglich sein, sie zu halten, wenn die zwei Bilder einander näher kommen und schließlich zu einem verschmelzen.

---

* Übung für das schwächere (nicht dominante) Auge

Wenn der mittlere blau/rote Kreis ohne Mühe längere Zeit betrachtet und mit dem Blick abgetastet werden kann, wird sich auch eine geistige Ruhe eingestellt haben, die der Entspannung der Augen voll und ganz entspricht. Es wird wieder deutlich, wie das Denken und die geistige Verfassung mit der Verwendung der Augen zusammenhängt. Jetzt gilt es, diesen Zusammenhang von der anderen Seite her zu untersuchen: Nicht nur ist das Denken vom Sehen abhängig, auch das Sehen wird vom Denken direkt beeinflußt. Diese Erfahrung für jeden nachvollziehbar zu machen, ist der Gegenstand dieser Übung:

Es genügt, zu denken: ›Jetzt sehe ich den mittleren Kreis ROT‹ und das Auge, das den roten Kreis sieht, wird dominant, so daß der blaue Anteil des Bildes der roten Farbe weicht. Beim ›Umschalten‹ auf den Gedanken: »Jetzt sehe ich ihn BLAU,« weicht das rote Bild dem blauen, d. h. das andere Auge wird dominant. Es fühlt sich an, wie ein ganz subtiles ›Weichenstellen‹ im Gehirn, das schon nach kurzer Zeit keinerlei Schwierigkeiten mehr bereitet. Wir können regelrecht beschließen, was wir sehen wollen: blau mit dem einen Auge dominant, rot mit dem anderen, oder blau/rot, wenn wir die ›Mitte‹, den Ruhepunkt finden.

Diese Übung ist nicht nur ein unterhaltendes und aufschlußreiches Spiel, aus dem sich viel über den Zusammenhang von Sehen und Denken lernen läßt. Sie ist auch eine vorzügliche Meditation, bei der es möglich ist, sich ohne Schwierigkeiten im blau/roten Bild auf einen visuellen wie geistigen Ruhepol einzupendeln, das Gleichgewicht, die ›Mitte‹ zu finden.*

---

* Vgl. die Betrachtung der 10 000 Dinge

Räumlich sehen lernen –
für die, die es noch nicht können

Ist die Welt ein Traum?
Ist sie wesenhaft? Sage! –
Weder wesenhaft,
noch auch Traum, daß ich wüßte:
ein Etwas, ein Nichts in einem.

Aus: BI-YÄN-LU, Meister Yüan-wu's Niederschrift von der Smaragdenen Felswand, 2. Band Carl Hanser Verlag, München, 1971, Seite 157

54

Es ist mir aufgefallen, daß viele Linkshänder, die auf Rechts umgeschult wurden, Schwierigkeiten haben, die Bilder der beiden Augen im Gehirn zu einem einzigen – räumlichen – Bild zusammenzufügen. Es ist, als sei im Hirn eine Mauer aufgerichtet, die die Bilder voneinander trennt. Gesehen wird dann immer mit dem dominanten Auge, während das Bild des anderen Auges unbewußt – hinter der Mauer – bleibt. Das bedeutet auch, daß der mittlere Daumen oder Kreis nicht im Raum schwebend gesehen wird, sondern auf der gleichen Ebene wie die äußeren.

Bei der Übung ›Roter Kreis/Blauer Kreis‹ wird in diesem Fall eine klare Vorliebe für das eine oder andere Bild deutlich werden. Die folgende Übung ist – gerade für geschädigte Linkshänder – ein weiterer Schritt zur räumlichen Wahrnehmung. Der Anfang der Übung ist wie bei ›Roter Kreis/Blauer Kreis‹. Der mittlere Kreis wird flach neben den anderen beiden gesehen, oft auch nur in einer Farbe. Der Zugang zur anderen Farbe kann durch wiederholtes Abdecken des dominanten Auges gewonnen werden. Wichtig ist, daß beide Farben gesehen werden, wenn auch nicht räumlich. Jetzt wird ein Finger nahe vor die Nase gehalten, wo er – mit der weichen Aufmerksamkeit – doppelt zu sehen sein wird. Der Blick ruht nach wie vor auf dem mittleren Kreis.

Der Finger wird – langsam – in Richtung des Kreises von der Nase wegbewegt und sein doppeltes Bild mit der Aufmerksamkeit verfolgt. (Wenn ein Finger zu kontrastarm ist, kann eine Kerzenflamme genommen werden). Die beiden Bilder des Fingers, bzw. der Flamme, werden sich, bei zunehmender Entfernung von der Nase, einander immer mehr annähern, bis sie schließlich – irgendwo im Raum zwischen Nase und Papier – zu einem werden. Das ist der Punkt, an dem für Normalsichtige der mittlere Kreis zu schweben scheint. An ihm sind sowohl der mittlere Kreis, als auch die verwendete Seh-hilfe (Finger, Flamme) konturenscharf als einfaches Bild zu sehen. Wenn die räumliche Wahrnehmung sich nicht einstellen will, kann das Abdecken der beiden äußeren Kreise (auf der Ebene des mittleren Bildes, Fingers etc.) helfen. Eine lohnende Übung, die – je nach Grad der Schwierigkeit – viel Entspannung, innere Bewußtheit und Geduld erfordert.

Der gekrümmte Raum

»Ich bin, wahrhaftig, ein glücklicher Mensch!
Ich suche, sooft ich mag, das Reine Land auf:
bin dort und bin hier,
bin dort und bin hier,
dort und hier.
Namu-amida-butsu! Namu-amida-butsu!«

Aus Saichi's Notizen, zit. in: Der westliche und der östliche Weg, D. T. Suzuki, Ullstein 1971, S. 145

Der mittlere Kreis scheint hoch über dem Papier zu schweben. Er ist auch etwas kleiner als die zwei äußeren. Sein Schwebezustand wird besonders deutlich, wenn man versucht ihn mit dem Finger zu berühren. Die Schwebehöhe läßt sich auf diese Weise genau ermitteln. (Der ungewöhnliche Charakter des schwebenden blau/roten Kreises wird noch deutlicher, wenn die beiden äußeren Kreise – in ›Schwebehöhe‹ – abgedeckt werden.)

Wenn die schon beschriebenen Übungen wiederholt und erfolgreich durchgeführt worden sind, ist es den Augen ein Leichtes, ganz entspannt und ohne jede Anstrengung das Bild des mittleren Kreises zu halten. Das läßt sich leicht überprüfen indem man die Augen für eine Weile schließt. Wenn beim Öffnen der Augen das Bild immer noch scharf im Raum schwebt, sind Augen und Geist entspannt. Dieser Entspannungs- bzw. Ruhestand läßt sich (ich schulde diesen Vergleich Dr. William H. Bates: Better Eyesight without Glasses, Holt, Rinehart + Winston, 1940/1943) mit dem eines Vogels vergleichen, der, ohne sich im Geringsten anzustrengen oder zu ermüden, sich schlafend mit einem Bein auf einem Ast aufrecht hält, der sich im Winde bewegt.

Wenn dieser Zustand erreicht ist, wird es möglich, die Augen von dem schwebenden Kreis wegwandern zu lassen, ohne das gestochen scharfe Bild des Kreises zu verlieren. Die Entfernungseinstellung der Augen bleibt dabei genau dieselbe wie zuvor. Ob dies wirklich der Fall ist, läßt sich dadurch überprüfen, daß der Blick immer wieder zum schwebenden Kreis zurückkehrt. Wenn er immer noch scharf ist und die Farben einander nach wie vor vollständig decken, also nicht ›nachgestellt‹ werden muß, dann sind die Augen entspannt geblieben. Die Wanderung des Blickes kann immer weitere Kreise im leeren Raum ziehen. Da die An- und Entspannung der Augen von der geistigen Anspannung abhängig ist, sollte gerade diese Übung, in der die Augen keinerlei greifbaren Anhaltspunkt mehr haben, ohne jeden Leistungsdruck und spielerisch gemacht werden.

Die Ebene, auf der der blau/rote Punkt schwebt, wird beginnen, Gestalt anzunehmen. Die Augen werden ihr folgen wie einer Glasscheibe. Es ist eine gewölbte Ebene: der leere Raum, in dem die Augen spazierengehen, scheint sich auf allen Seiten zum Betrachter hin zu krümmen, scheint auf der Ebene des schwebenden Kreises ›dichter‹ zu sein, als anderswo. Es ist das merkwürdige Gefühl, dem ›Nichts‹ eine sichtbar/ unsichtbare Gestalt zu geben.

Aber Vorsicht: jede auch noch so geringe Begeisterung oder Faszination, die dabei auftritt, jede Form geistiger Erregung, wird das Bild zerstören, wird die Augen in eine andere Einstellung rutschen lassen.

»Es fordert ein Verhalten, wie es im Leben nur unter ganz bestimmten seltenen Bedingungen sich einstellt, einen Zustand äußerster Teilnahmslosigkeit des Geistes und der Seele an den Erlebnissen des Auges.«

Hans Sedlmayr: Verlust der Mitte, Otto Müller Verl., Salzburg

Hinweis

Wer über die hier angegebenen Übungen hinausgehen und sich in die Betrachtung der 10 000 Dinge versenken will, sei an dieser Stelle hingewiesen auf Pierre Derlon's Buch: »Die Gärten der Einweihung«. Derlon wurde von französischen Zigeunern in einige ihrer geheimen Traditionen eingeweiht und erhielt die Erlaubnis, sie zu veröffentlichen.

So beschreibt er auch eine Meditation, die darin besteht, zwei Kreise, zwei Quadrate und zwei Rechtecke, jeweils eines rot und eines blau, durch Schielen derart zur Deckung zu bringen, daß in der Mitte ein dreifaches Doppelbild erscheint.

Form, Farben und Anordnung der Figuren hängen eng mit der gotischen Architektur, sowie mit der Gralslegende zusammen. Wer sich für diesen Aspekt interessiert, findet bei Louis Charpentier (Die Geheimnisse der Kathedrale von Chartres, Gaia, Köln) eine Fülle von Hinweisen.

Interessant – und typisch – ist auch bei Derlon, daß er nichts darüber aussagt, worin denn nun die eigentliche Meditation besteht, was man ›sieht‹, wenn man die Figuren anschaut. Die gesamte Literatur ist gefüllt mit Hinweisen, daß es da etwas zu sehen gibt, ohne, daß jemals gesagt würde, was. Hier ist ein besonders schönes Beispiel dafür:

»(Ich)… holte mit großer Begier den Kohlekrystall hervor und hielt eine seiner dunkelspiegelnden Flächen gegen den Schein des Gestirnes. Die Reflexe gingen davon bläulich, schier schwarzviolett aus, und längere Zeit vermochte ich außer dieser Beobachtung nichts weiter darauf zu entdecken. Aber zugleich wuchs eine wunderbare, körperhaft spürbare Ruhe in mir empor und der schwarze Krystall in meiner Hand hörte auf zu beben, denn meine Finger wurden fest und sicher wie alles an mir.

Da fing das Mondlicht auf dem Kohlenspiegel an zu irisieren; es hoben sich milchig opalene Wolkenschleier darauf und glätteten sich wieder. Endlich trat lichtscharf eine bilderartige Kontur aus der Spiegelfläche hervor, zuerst ganz winzig klein, als wie das Spiel von Gnomen in klarem Mondschein, gleichsam durch ein Guckloch belauscht. Bald aber schienen die Bilder zu wachsen in die Breite wie in die Ferne, und das Geschaute wurde – raumlos, aber dennoch so leibhaftig, als sei ich selbst mitten darunter gewesen. Und ich sah ––– (Brandfleck)«

Tagebuch des John Dee, aus: Der Engel vom westlichen Fenster, Gustav Meyrink, Langen-Müller 1975, S. 105/106

Es ist gleichgültig, ob der Betrachter einen ›Kohlekrystall‹, eine Glaskugel, die Figuren der Zigeuner oder Kreise verwendet, wesentlich ist nur die Art der Betrachtung.

Die Betrachtung der 10 000 Dinge

Wer mit Hilfe der Übungen eine Weile ernsthaft an sich gearbeitet hat, wird bemerken, daß sie den Zugang zu einer ganzen Fülle von ungewöhnlichen, schönen – und gelegentlich auch beunruhigenden – Erfahrungen erschließen.

Ich spüre, wie ich mit mir im Widerstreit liege: Die Versuchung ist groß, viele Worte zu verlieren über das Wie und Was. Ich möchte gerne angehenden Glasperlenspielern erklären, worin das Eigentliche, die Praxis des Spiels besteht. Ich möchte ihnen Hilfestellungen auf den Weg mitgeben, sie auf die Fußangeln hinweisen, in denen man sich – besonders am Anfang – so leicht verfängt, zusätzliche Übungen anführen, aus meinen Erfahrungen und denen anderer Spieler berichten...
Ich werde nichts dergleichen tun.
Das eigentliche Glasperlenspiel entwickelt sich – für jeden auf seine Art und zu seiner Zeit – im Laufe des Übens. Es wächst aus der Betrachtung der 10 000 Dinge.

Schneide zwei Kreise aus farbigem Karton, den einen rot, den anderen blau.
Lege sie auf den Boden oder klebe sie an die Wand.
Setz Dich davor.
– und schau!

Was auch immer Du siehst –
  schau es Dir an, aber bleib nicht dabei stehen.
  Es ist nur eines der 10 000 Dinge.
Was auch immer Du fühlst –
  fühle es, aber bleib nicht dabei stehen.
  Es ist nur eines der 10 000 Dinge.
Was auch immer Du denkst –
  denke es, aber bleib nicht dabei stehen.
  Es ist nur eines der 10 000 Dinge.

»Denn nur wo die Dualität waltet sieht einer den anderen, spürt einer des anderen Duft, schmeckt einer den anderen, spricht einer zum anderen, lauscht einer dem anderen, berührt einer den anderen und erkennt einer den anderen.

Aber im Ozean des Geistes ist der Betrachter alleine, im Angesicht seiner eigenen Unermeßlichkeit«
Aus: The Supreme Teaching, Upanishads, Penguin Classics L163 (Übertragung aus dem Englischen durch den Autor)

2 + 2

Ein Glasperlenspiel für Anfänger

Was wir Mathematik nennen, ist eine willkürliche – und als allgemeingültig vereinbarte – Ansammlung von Spielregeln für eine ganz bestimmte – und sehr begrenzte – Kommunikationsebene. Was hier folgt ist eine Erweiterung dieser Spielregeln, eine Erweiterung unserer Kommunikation auf andere Ebenen. Wer an unseren gewohnten Spielregeln festhalten will hat völlig recht, wenn er meint, das Spiel sei Unsinn. Aber das Leben hält sich eben nicht an irgendwelche Spielregeln – es sei denn an diese!

Schau Dir einmal die Formel an, die bis heute Deine Welt regiert:

$$2 + 2 = 4$$

Wenn Du Dich auf dieses Spiel einläßt, wirst Du nie wieder diese Formel so sehen können, wie Du sie heute noch siehst: für den Glasperlenspieler ist sie lediglich eine unter unendlich vielen möglichen Ideen.

Zelebrieren wir noch ein letztes Mal die so wohl vertraute Rechnung, die dieser Formel zugrunde liegt:

>>*Wenn ich zwei Äpfel in meiner linken, und zwei Äpfel in meiner rechten Hand habe, wieviele Äpfel habe ich dann insgesamt?*<<

Dieses Ritual hat bis heute unsere Welt regiert. Verabschieden wir uns von ihm. Wir gehen weiter.

Sieh Dir einmal diese zwei Äpfel an:

Mach Dein linkes Auge zu. Wieviele Äpfel siehst Du mit dem rechten Auge?

Jetzt mache das linke Auge wieder auf und schließe das rechte. Wieviele Äpfel siehst Du mit dem linken Auge?

Beidemale zwei? Gut! Jetzt zählen wir wieder zwei und zwei zusammen.
Öffne beide Augen.
Wieviele Äpfel siehst Du?

Du kannst es ruhig auch laut formulieren, wie wir es in der Schule getan haben:

»Ich sehe zwei Äpfel mit meinem linken Auge und zwei mit dem rechten. Wieviele Äpfel sehe ich insgesamt?«

Wenn Du immer noch nicht mehr als zwei Äpfel sehen kannst ist es Dir gelungen, mit den einfachsten Mitteln eine neue Ebene der Realität zu erreichen, auf der gilt:

$$2 + 2 = 2$$

Der Umstand, der diese Ebene wesentlich von der abstrakt-mathematischen unterscheidet ist die Einführung einer lebendigen Dimension: wir *schauen*.

Diese Ebene steht nicht im Widerspruch zur alten. Sie ergänzt sie. Auch hier gilt, unter anderem, 2 + 2 = 4, wie wir leicht überprüfen können:

Halte den Zeigefinger in die Höhe, ungefähr auf ein Viertel der Entfernung von Deiner Nasenspitze zu den Äpfeln auf der gegenüberliegenden Seite – aber ohne die Äpfel zu verdecken. Mit beiden Augen betrachtet, ergibt er ein einfaches, scharfes Bild. Mach das linke Auge zu und schau mit dem rechten auf die Fingerspitze. Jetzt löse Deine Aufmerksamkeit von der Blickrichtung (weiterhin Fingerspitze!) und richte sie auf die – etwas unscharfen – Äpfel im Hintergrund.

Du siehst zwei Äpfel, und zwar etwas rechts vom Finger. Ja?

Jetzt mach das linke Auge auf und schließe das rechte. Wieder zwei Äpfel, diesmal etwas links vom Finger.

Mach abwechselnd das eine und das andere Auge zu und laß die Äpfel eine Weile hin und her springen. Schau, daß dabei der Blick nach wie vor auf dem Finger ruhen bleibt. (Wenn Du es einmal heraus hast kannst Du den Finger weglassen.)

Es ist wichtig, daß es Dir gelingt, die Bilder des rechten und linken Auges getrennt zu sehen. Mathematiker auf der ganzen Welt werden ruhiger schlafen wenn Du es schaffst.

Hier sind noch zwei Äpfel – zum Üben.

Jetzt kommt das Wichtigste: öffne beide Augen gleichzeitig und laß dabei den Blick immer noch auf dem Finger! Richte Deine Aufmerksamkeit auf die Äpfel im Hintergrund. Natürlich sind sie ziemlich weit hinter dem Fixationspunkt (Finger) und daher etwas verschwommen. Aber das macht nichts. Wie viele sind es?

Zwei rechts vom Finger, zwei links... Der Nachweis ist erbracht: auch auf dieser Ebene gilt

$$2 + 2 = 4$$

Vorsicht jetzt! Das ist beim ersten Mal nicht ganz leicht: jetzt geht es darum, die zwei mittleren von den vier Äpfeln zur Deckung zu bringen. Du wirst lernen müssen, den Fixationspunkt Deiner Augen frei im Raum zu verschieben, aber bis es soweit ist kannst Du auch die Fingerspitze zur Hilfe nehmen. Schau mit beiden Augen auf die Fingerspitze und verändere ihre Entfernung zur Nase (bzw. zu den Äpfeln) solange, bis im Hintergrund nur noch drei Äpfel zu sehen, das heißt, die zwei inneren Äpfel zur Deckung gebracht sind.

Laß die Äpfel ruhig noch ein wenig herumwandern bis der ›mittlere‹ ganz deutlich und klar wird. Du kannst dann den Finger wegnehmen!

Strenge Deine Augen *NICHT* an dabei! Es kann nur gelingen wenn Du sie entspannst.

Und jetzt zähle nach, wieviele Äpfel es diesmal sind. Das Ergebnis findest Du auf der nächsten Seite.

$$2 + 2 = 3$$

Jetzt sind es drei Äpfel. Außerdem wirst Du bemerken, daß der Mittlere nicht nur etwas kleiner ist, als die anderen zwei, sondern auch mitten in der Luft zu schweben scheint – ungefähr dort, wo beim Üben die Fingerspitze war. Er ist auch heller und deutlicher als die anderen zwei zu sehen.

Ein fürchterliches Paradoxon beginnt Dich zu bedrängen: der Apfel der am deutlichsten zu sehen ist, ist gar nicht da, ist unberührbar. Aus einer anderen Welt. Du kannst Deinen Finger in die unmittelbare Nähe des Ortes heben, an dem der Apfel zu schweben scheint, aber berühren kannst Du ihn nicht.

Schau eine Weile hin. Wenn Du die richtige Entfernung gefunden hast und die Augen auf dem mittleren Apfel zur Ruhe gekommen sind, werden die zwei äußeren in Deiner Wahrnehmung immer mehr verblassen – und Du wirst verstehen, warum es auf dieser Realitätsebene auch ganz stimmig ist zu sagen:

$$2 + 2 = 1$$

Statt der Äpfel nehmen wir jetzt Quadrate, die auf der Spitze stehen. Schau sie Dir an und gehe noch einmal die Schritte, die wir bisher gegangen sind: Von 2 + 2 = 2 zu 2 + 2 = 4 und weiter bis zu 2 + 2 = 3/1.

Du siehst: es geht nicht nur mit Äpfeln.

Verlagere jetzt den Fixationspunkt, d.h. den Ort, an dem sich die Blicke des rechten und des linken Auges kreuzen, etwas näher zu den Figuren, weiter von den Augen weg. So entsteht eine neue Version von 2 + 2 = 4, die etwa so aussieht:

Erlaube den Augen, sich an diese neue Art zu sehen, die neue Einstellung »zwischen-drin«, zu gewöhnen, an dem neuen Ort Ruhe zu finden.
Wenn Du sie anstrengst, kann Dir schwindlig werden und die Augen beginnen weh zu tun. Mach es entspannt!

Wenn das Bild klar geworden ist, mit den richtigen Abständen und Überlappungen: schau, wieviele Quadrate insgesamt zu sehen sind. Du wirst die 4 großen sehen und zusätzlich 3 kleinere Quadrate, die durch die Überlappungen entstehen. Sie haben eine ganz eigene Luminosität die sie von den großen Quadraten unterscheidet.

Du kannst ihre Größe verändern, je nachdem, wie Du schaust, je nachdem, ob Du stärker oder weniger stark »schielst«. Aber egal, wie Du schaust, in diesem Bereich wirst Du immer die drei zusätzlichen Quadrate haben, die sich aus einer anderen Wirklichkeit eingeschlichen haben, einer Wirklichkeit, in der die Erlasse des Eichamtes nicht viel gelten:

$$2 + 2 = 7$$

Vergiß nicht, daß wir immer noch zwei Bilder mit dem linken Auge wahrnehmen und zwei Bilder mit dem rechten. Die Basis dieses Glasperlenspiels ist nach wie vor

$$2 + 2$$

Geben wir jetzt den Quadraten verschiedene Farben. Das linke soll rot sein, das rechte blau:

Wiederhole jetzt noch einmal den Prozeß, der 2 + 2 = 7 ergeben hat und beobachte die Farben (Farben sind eben auch nur eine andere Ebene der Realität).

Wir sind von zwei Farben ausgegangen: blau und rot.

Jetzt haben wir fünf:

    2 Quadrate sind transparent *blau*
    2 Quadrate sind transparent *rot*
    1 Quadrat ist intensiv *blau*
    1 Quadrat ist intensiv *rot*
    1 Quadrat ist *blau/rot*

Auf diese Art kommen wir zu einem neuen Ergebnis, nämlich

$$2 + 2 = 5$$

Wir können noch auf andere Weisen zu 2 + 2 = 5 kommen. Z.B. können wir zwei Quadrate der gleichen Farbe übereinander anordnen:

Beachte, daß wir damit das Konzept des Negativen einführen, das negative Quadrat, oder ›Nicht-Quadrat‹, das in der Mitte der vier blauen Quadrate entsteht und sich zu ihnen ähnlich verhält, wie das Elektron zum Positron oder Anti-Materie zu Materie.

Die Polarität ist geboren.

Zum Beispiel: Ordnen wir die Quadrate anders an, um 45° verdreht.

Wenn Du sie verdoppelst, bilden sie ein Zick-Zack-Muster: eins oben, eins unten, eins oben, eins unten. Beachte die negativen Quadrate. Je nachdem, wie Du be-schließt, sie zu sehen, erhälst Du verschiedene Ergebnisse: Entweder Du siehst vier Quadrate und vier negative Quadrate, die zusammen

$$2 + 2 = 8$$

ergeben.

Oder du definierst als negative Quadrate nur solche, die auf mindestens drei Seiten klar eingeschlossen und abgegrenzt sind. Dann ergeben 4 Quadrate + 2 negative Quadrate:

$$2 + 2 = 6$$

Du kannst Dich auch damit unterhalten, die negativen Quadrate (oder Äpfel) gegen die positiven herauszukürzen. Das ergibt bei den 8 Quadraten: $2 + 2 = (4 - 4) = 0$, d.h.

$$2 + 2 = 0$$

und bei den 6 Quadraten kommst Du wieder auf

$$2 + 2 = 2$$

Du siehst, je nachdem auf welche Spielregeln wir uns einigen, gibt es die verschiedensten – und überraschendsten – Ergebnisse, die im Rahmen der gewählten Spielregel auch nicht weniger stimmig sind als unser altbekanntes

$$2 + 2 = 4$$

Wenn wir schon dabei sind:
Schau Dir noch einmal unsere bisherige ›Wahrheit‹ genauer an. Laß Dir Zeit, diese vertraute Formel neu auf Dich wirken zu lassen.

$$2 + 2 = 4$$

Merkst Du einen Unterschied?

Wenn Du über die verschiedenen Zahlen meditierst, wirst Du auch bemerken, daß jede für sich absolut ist und eine ihr ganz eigene dynamische Qualität hat. $2 + 2 = 8$ z. B. hat eine völlig andere Dynamik als $2 + 2 = 3$. Die 7 und die 5 hingegen sind einander recht ähnlich. Mit Worten lassen sich diese subtilen Qualitäten schwer fassen, aber als Gegenstand einer Meditation sind sie unerschöpflich.

Hast Du es schon mit
5 Äpfeln versucht?

Mit Quadraten ist es zunächst leichter. Aber der negative Apfel ist auf dieser Ebene genauso real, wie das negative Quadrat.

So etwa!

Spätestens jetzt beginnt Dir klar zu werden, daß dieses Spiel keine Grenzen hat.

Stimmt!

Der Einfachheit halber spielen wir – statt wie bisher mit Äpfeln und Quadraten – mit gedachten Glasperlen weiter.

Ordnen wir 2 Glasperlen vertikal übereinander an:

Wir hören jetzt auf, uns auf das zweidimensionale Papier zu beschränken und bezie-
hen das gesamte Universum in das Spiel ein.

Verdopple sie. (2 + 2 = 4)
Nimm die Polarität dazu und postuliere in ihrer Mitte eine negative Glasperle.

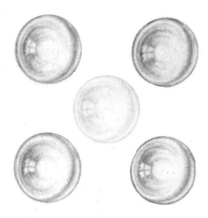

Wenn Du Dein Blickfeld erweiterst, wirst Du feststellen, daß am Rande der Figur noch vier weitere Plätze für negative Glasperlen angedeutet sind. Diese Plätze sind nicht so klar begrenzt und definiert wie der in der Mitte. Du kannst daraus folgern, daß die vier negativen Glasperlen an diesen Plätzen weniger klar sein werden.

Die neue Figur wird etwa so aussehen:

Du kannst das ansehen als

$$2 + 2 = 9$$

oder

$$2 + 2 = -1$$

wenn Du die positiven gegen die negativen Glasperlen kürzt.

Du kannst aber auch das räumliche Sehen einführen. Mach es mit Deinem inneren Auge, mit Deiner Imagination.

Ausgehend von den vier Glasperlen auf der letzten Seite und ihren fünf negativen Trabanten, stell Dir vor, daß die äußeren vier (negativen) Glasperlen aufgrund ihrer weniger klar definierten, umgrenzten Lage nicht weniger klar sind, sondern weiter entfernt liegen.

Jetzt wird das Bild räumlich, dreidimensional. Die vier positiven Glasperlen liegen auf einer Ebene, die vier äußeren auf einer anderen, weiter entfernt. Die mittlere Glasperle kannst Du Dir vorstellen wo Du willst: entweder ganz vorne oder etwas hinter den vier positiven – ganz, wie es Dir am besten gefällt.

Es ist nicht schwer, dieses dreidimensionale Bild vor dem inneren Auge herzustellen. Natürlich siehst Du (im Moment) nur eine Seite der gesamten Figur. Wenn Du Deine Vorstellung noch etwas dehnst – gewissermaßen um den Rand der Figur herum – kannst Du sehen, wie sie dahinter weitergeht…

Sie wird aus so vielen positiven und negativen Glasperlen bestehen, wie du in deiner Vorstellung erschaffen willst.

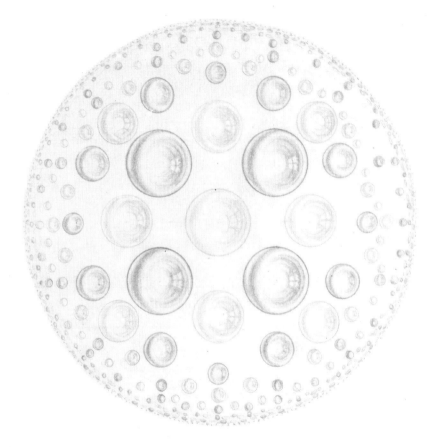

Stell Dir auch vor, wie diese Konstruktion in ihrem Inneren aussieht. Geh zwischen ihnen spazieren und schau sie Dir genau an. Wenn Du die innere Struktur und die Beziehung der Perlen zueinander sehen kannst, dann wirst Du feststellen, daß sie nichts anderes darstellen, als ein Kristallgitter, den Grundbaustein der Schöpfung und des Lebens.

Bis hierher habe ich Dich in diesem Spiel begleitet, jetzt muß ich den weiteren Verlauf Deines Spiels Dir und Deiner Phantasie überlassen. Worte können das Unendliche nicht fassen. Der Geist kann es erleben. Dein Geist. Jedermanns Geist. Nur sind wir uns dessen nicht bewußt. Wir beschränken uns in der Regel auf die Schulweisheit $2 + 2 = 4$. Und wir vergessen, daß das nicht alles ist.

»... So findet sich auch, wenn die Erkenntnis gleichsam durch ein Unendliches gegangen ist, die Grazie wieder ein; so, daß sie, zur gleichen Zeit, in demjenigen menschlichen Körperbau am reinsten erscheint, der entweder gar keins, oder ein unendliches Bewußtsein hat, d.h. in dem Gliedermann, oder in dem Gott.

Mithin, sagte ich ein wenig zerstreut, müßten wir wieder vom Baum der Erkenntnis essen, um in den Stand der Unschuld zurückzufallen?

Allerdings, antwortete er; das ist das letzte Kapitel von der Geschichte der Welt.«

Aus: Über das Marionettentheater, Heinrich von Kleist, rororo 1964, S. 11/12

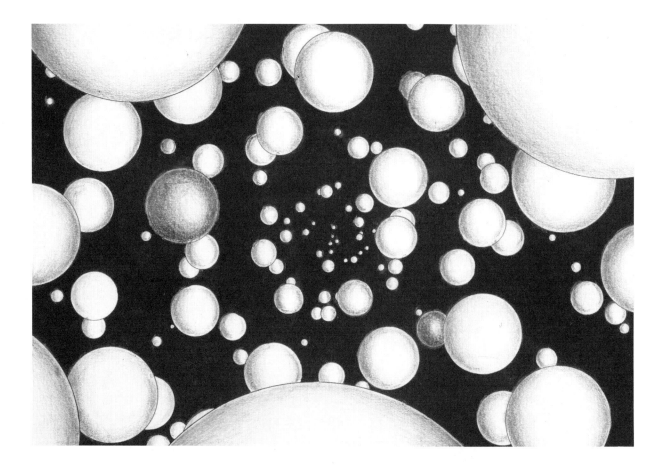

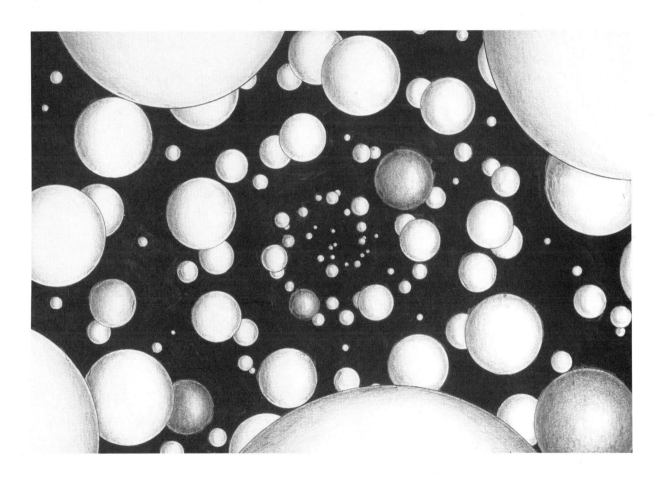

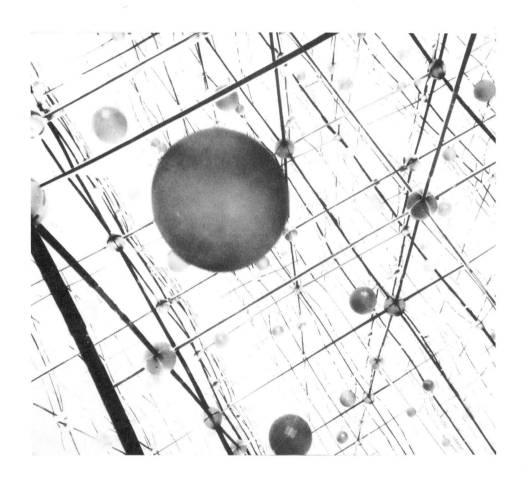

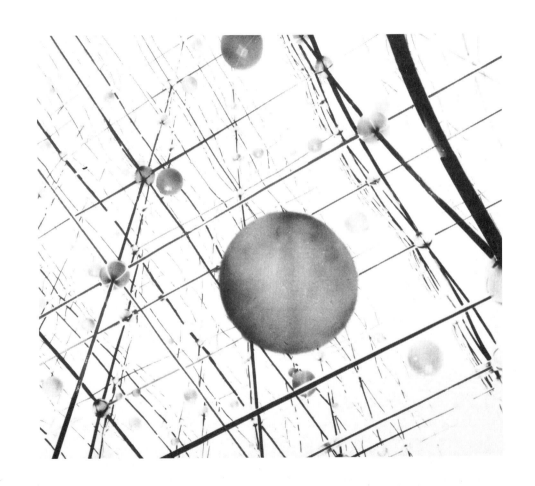